Henrike Wilson

Weitsprung mit Schwein

dtv

Heute ist große Sportmeisterschaft. Mehrkampf. Die Hindernisse sind aufgebaut, der Sand geharkt, die Startlinien markiert.

Aufregend!

Wer wird in diesem Jahr gewinnen?

Los geht's mit dem Fünfzigmeterlauf!
Alle stehen in den Startlöchern.
Sie scharren mit den Tatzen, Pfoten, Hufen und Füßen.
Aufs Ziel fixiert.
Nur nicht zu früh lospreschen.
Frau Pfeiffers wachem Blick entgeht nichts.

»AUF DIE PLÄTZE, FERTIG –

LOOOOS!«

Die Trillerpfeife ertönt,
sie flitzen los.
Bis auf die Ente. Die kommt nicht hinterher.
Zu viel Gewatschel.

Als Erster sprintet der Hase über die Linie.
Gefolgt von Eichhörnchen, Frosch, Schwein
und Bär. Im Ziel klatschen sie sich ab.
Wo bleibt denn nur die Ente?
Ist sie etwa immer noch nicht da?

»Genug gelacht!«,
ermahnt Frau Pfeiffer.

Die Ente ist sauer. Und traurig.
Was kann sie für ihre kurzen Beine?

Als Nächstes ist Weitsprung dran.
Frau Pfeiffer hat das Zentimetermaß griffbereit.
Der Frosch macht den ersten Sprung.
Oha, richtig weit!
Da fliegt schon das Eichhörnchen durch die Luft.
Danach Ente, Hase und Bär.

Zum Schluss ist das Schwein dran.
Im Galopp kommt es angerannt.
Es schafft den Absprung nicht und stolpert
über die eigenen Hufe. Oink!
Alle kichern.
Nur die Ente nicht.
Ausgelacht zu werden ist nicht schön.

»Weiter geht's!«,

ruft Frau Pfeiffer.

Jetzt wird Medizinball geworfen. Für den Bär ein Klacks! Er holt aus und schleudert den Ball so weit, dass man ihn kaum noch sehen kann.
Beeindruckend!

Zum Schluss muss das Eichhörnchen werfen.
Wie soll es denn dieses Ungetüm hochheben?

Es schwitzt und stöhnt.
Da gehen nur ein paar Zentimeterchen.

PLUMPS!

Die anderen tuscheln und machen sich lustig.
Bis auf die Ente und das Schwein.
»Seid mal nicht so schadenfreudig!«,
sagt Frau Pfeiffer.

Nun ist Klettern angesagt!
Einmal das Gerüst hoch
und wieder runter.
Was, bis ganz nach oben?

Nie im Leben ...

Sie hängen in den Seilen.
Wo bleibt denn da der Spaß?
Nur das Eichhörnchen ist fröhlich.
Im Klettern ist es unschlagbar.
Ist ja klar.

Halbzeit. Trink- und Knabberpause.
Durchschnaufen. PUHH!

Schon steht Frau Pfeiffer am Schwimmbecken und pfeift.
Schwimmen! Einmal quer durchs Becken, egal wie.

Auch das noch.

Einer nach dem anderen springt hinein
und kämpft sich durchs Wasser.

Die Ente und der Frosch sind Profis.
Der Rest hat Probleme.
Da wird geprustet, gehustet und
unfreiwillig getaucht.

Endlich sind alle wieder auf dem Trockenen.
Die Ente und der Frosch klatschen wie verrückt.

»Großartig! Geschafft, ihr Landratten!«, rufen sie.

Verwundert schauen sich die anderen an.
Was hat das zu bedeuten?
Sie verstehen die Welt nicht mehr,
aber es hebt eindeutig die Laune!
Es bleibt nicht lange Zeit nachzudenken …

3

... denn Frau Pfeiffer drängt weiter
zum Stabhochsprung!
Viel zu hoch, denkt der Bär.
Ob der Stab überhaupt hält?

Die anderen fliegen leichtfüßig
über den Querholm.
Elegant, sportlich, bewundernswert.
Die Latte wackelt null.
Der Bär steht mit der Stange
da und zittert.

»Du schaffst das, Bär!«,
ruft die gesamte Truppe.

»Mit links!
Klare Sache.
Auf geht's!«

Beflügelt rennt der Bär los. Taps, taps, taps!
Er drückt sich ab, macht sich leicht, so gut es geht, aber da ...
KRACKS! Und PENG!, landet der Bär auf der dicken
blauen Matte, Schnauze voraus.

»Alles in Ordnung?«, fragt der Hase besorgt.
»Ja«, murmelt der Bär verlegen.

»Macht nix«,
schnattert die Ente,
»ist uns doch heute allen passiert.«

Alle denken an ihre Stürze, Rutscher, Stolperer und Patzer und fangen an zu lachen.

Erst leise, dann immer lauter.

Da ruft Frau Pfeiffer: »Siegerehrung!«
Siegerehrung? Ganz vergessen.
Hauptsache, sie hatten Spaß! Frau Pfeiffer grinst und hält für jeden eine Medaille bereit.

Große Freude!

»Die gibt's fürs Anfeuern und Mitfeiern!
Das ist nämlich immer eine Medaille wert!«

Henrike Wilson, 1961 in Köln geboren, studierte dort und in den USA Grafikdesign und Malerei. Heute lebt sie als freie Illustratorin und Autorin in Berlin. Sie hat drei tolle Söhne, die ihr jederzeit, in vollem Umfang, eine große Inspiration sind.

MIX
Papier aus verantwortungsvollen Quellen
FSC® C043106
FSC
www.fsc.org

Originalausgabe

Text und Illustrationen: Henrike Wilson
Lektorat: Christiane Schwabbaur, München
Satz im Verlag
Repro: Regg Media GmbH, München
Druck und Bindung: Grafisches Centrum Cuno, Calbe
Printed in Germany • ISBN 978-3-423-76498-8